Impressum
Verlag: BABADADA GmbH, Nedderfeld 112 , 22529 Hamburg
Geschäftsführer / Verlagsleitung: Harald Hof
Druck: Books on Demand GmbH, In de Tarpen 42, 22848 Norderstedt

Imprint
Publisher: BABADADA GmbH, Nedderfeld 112 , 22529 Hamburg, Germany
Managing Director / Publishing direction: Harald Hof
Print: Books on Demand GmbH, In de Tarpen 42, 22848 Norderstedt, Germany

# школа

# ishuri

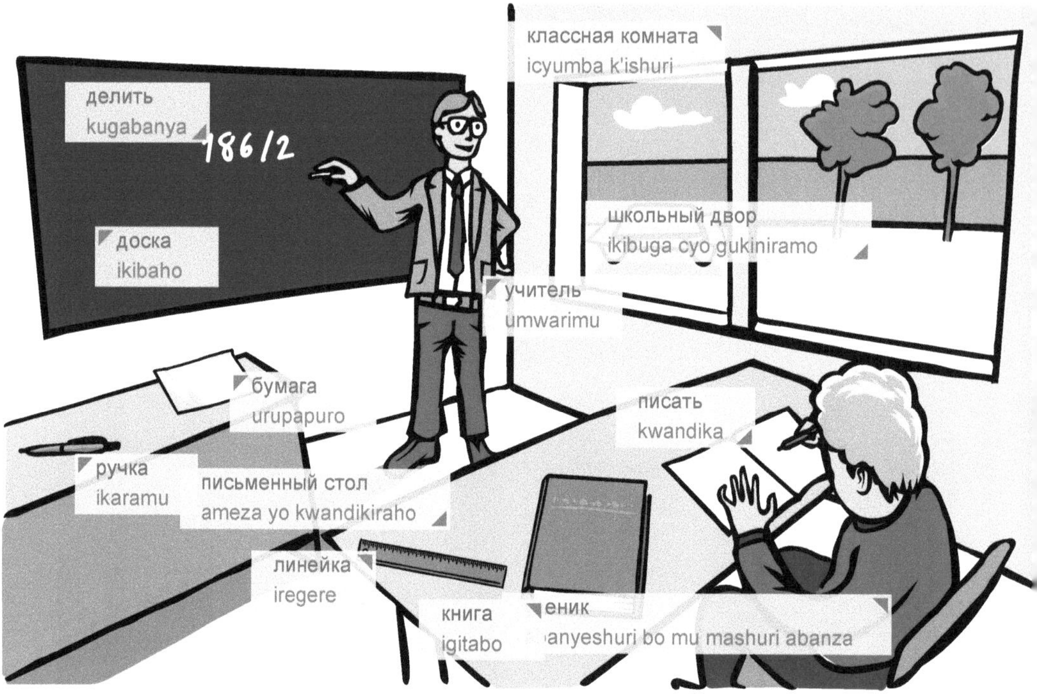
классная комната
icyumba k'ishuri
делить
kugabanya
186/2
доска
ikibaho
школьный двор
ikibuga cyo gukiniramo
учитель
umwarimu
бумага
urupapuro
писать
kwandika
ручка
ikaramu
письменный стол
ameza yo kwandikiraho
линейка
iregere
книга
igitabo
еник
anyeshuri bo mu mashuri abanza

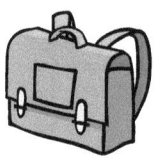

ранец

agahago k'ishuri

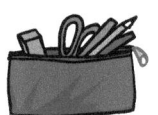

пенал

agasanduku k'amakaramu y'igiti

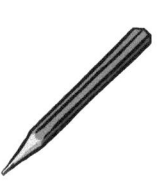

карандаш

ikaramu y'igiti

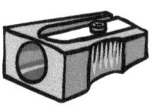

точилка

tayekereyo

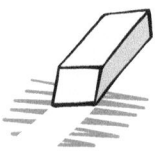

ластик

igome

альбом для рисования

ikayi yo gushushanya

рисунок

igishushanyo

кисточка

uburoso bwo gusigisha

коробка красок

agasanduku k'amarangi y'amabara

ножницы

umukasi

клей

kore

тетрадь

ikayi y'imyitozo

домашняя работа

umukoro w'imuhira

цифра

umubare

прибавлять

guteranya

вычитать

gukuramo

умножать

gukuba

считать

kubara

буква

ibaruwa

алфавит

inyuguti uko zikurikirana

слово

ijambo

текст

umwandiko

читать

gusoma

мел

ingwa

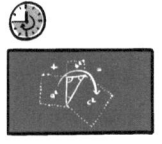

урок

isomo

классный журнал

igitabo cyo
kwiyandikishamo

экзамен

ikizami

диплом

impamyabumenyi

школьная форма

umwambaro w'ishuri

образование

uburezi

энциклопедия

inkoranyamagambo

университет

kaminuza

микроскоп

mikorosikope

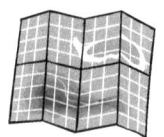

карта

ikarita

корзина для бумаг

pubere

# путешествие
## urugendo

гостиница
hoteli
турбаза
inzu y'amacumbi
пункт обмена валюты
ku muvunjayi
чемодан
ivarisi
автомобиль
imodoka
Grand
CHANGE

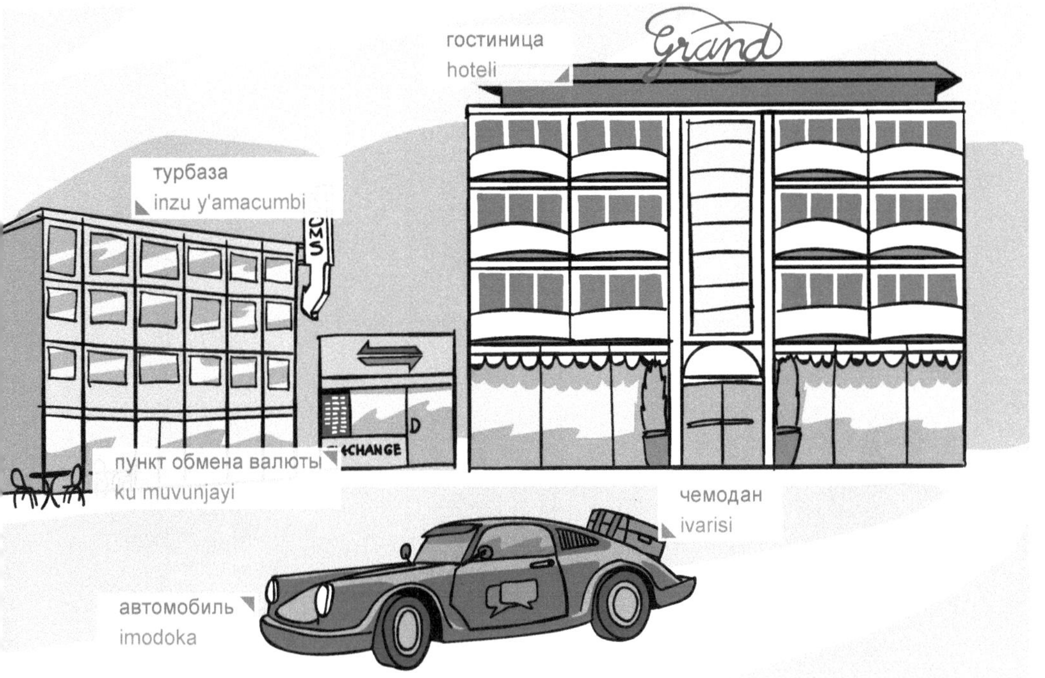

язык

ururimi

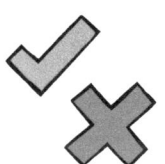

да / нет

yego / oya

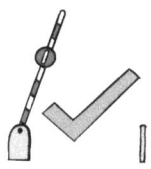

хорошо

Yego

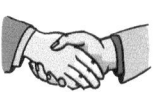

Привет

bite

переводчик

umusemuzi

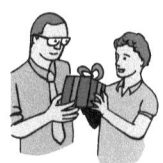

Спасибо

Murakoze

Сколько стоит...?

ni angahe...?

Я не понимаю

Sinsobanukiwe

проблема

ikibazo

Добрый вечер!

wiriwe!

Доброе утро!

Waramutse

Доброй ночи!

Ijoro ryiza

До свидания

bayi

направление

ikerekezo

багаж

imizigo

сумка

igikapo

рюкзак

igikapo baheka

гость

umushyitsi

комната

icyumba

спальный мешок

agafuko baryamamo

палатка

ihema

туристическая информация
amakuru y'ahasurwa na ba mukerarugendo

пляж
ku musenyi wo ku mazi

кредитная карточка
ikarita ya banki

завтрак
ifunguro ryo gusamura

обед
ifunguro rya ku manywa

ужин
ifunguro rya nimugoroba

билет
itike

лифт
asanseri

почтовая марка
itembure

граница
umupaka

таможня
gasutamo

посольство
ambasade

виза
viza

паспорт
pasiporo

# транспорт
# gutwara abantu n'ibintu

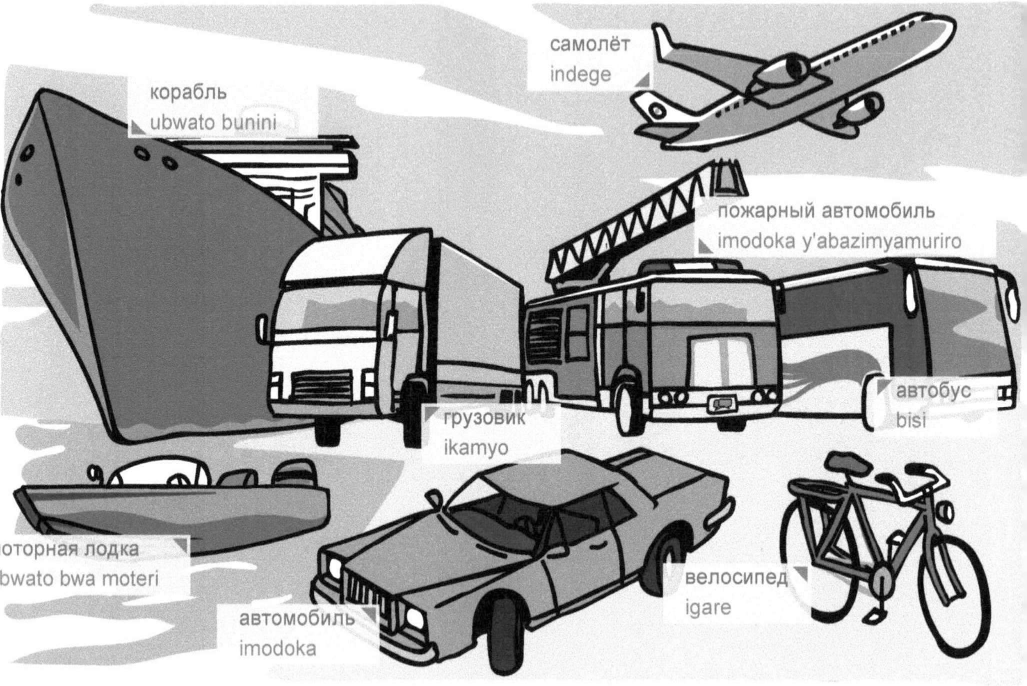
самолёт
indege
корабль
ubwato bunini
пожарный автомобиль
imodoka y'abazimyamuriro
автобус
bisi
грузовик
ikamyo
моторная лодка
ubwato bwa moteri
велосипед
igare
автомобиль
imodoka

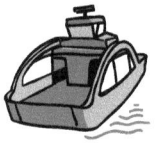

паром

ubwato bwambutsa imizigo n'abantu

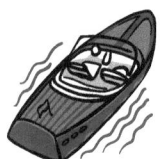

лодка

ubwato

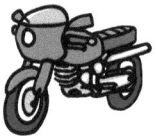

мотоцикл

ipikipiki

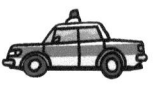

полицейский автомобиль

imodoka ya polisi

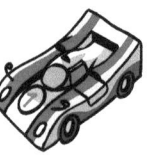

гоночный автомобиль

imodoka ya kuruse

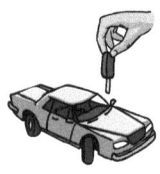

арендованный автомобиль

imodoka ikodeshwa

совместное пользование
автомобилями

gusangira imodoka

буксировочный
автомобиль

imodoka iterura izindi

мусоровоз

imodoka iyora imyanda

двигатель

moteri

топливо

lisansi

заправка

sitasiyo ya lisansi

дорожный знак

icyapa kiyobora imodoka

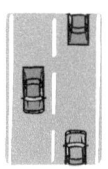

движение

urujya n'uruza rw'imodoka

пробка

ambuteyaje

автостоянка

parikingi y'imodoka

вокзал

gare ya gariyamoshi

рельсы

inzira ya gariyamoshi

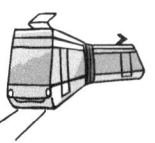

поезд

gariyamoshi

трамвай

bisi ikoresha
amashanyarazi

вагон

agatete k'imizigo gakururwa
n'imodoka

вертолёт

kajugujugu

аэропорт

ikibuga k'indege

вышка

umunara

пассажир

umugenzi

контейнер

konteneri

коробка

ikarito

тележка

akagorofani ko mu iduka

корзина

agaseke

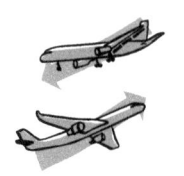

взлетать / приземляться

kuguruka / kururuka

## город

## umugi

деревня

umudugudu

центр города

mu mujyi rwagati

дом

inzu

**кинотеатр**
inzu ya sinema

**реклама**
amashusho yamamaza

CINEMA

**уличный фонарь**
itara ryo ku muhanda

**улица**
agahanda

**такси**
tagisi

**киоск**
kiyosike

**пешеход**
umunyamaguru

**тротуар**
inzira y'abanyamaguru

**пешеходный переход**
imirongo abagenzi bambukiraho umuhanda

**мусорное ведро**
pubere

**перекрёсток**
amasangano

**светофор**
feruje

хижина

akaruri

квартира

inzu ifatanye n'izindi

вокзал

gare ya gariyamoshi

ратуша

ibiro bya meya

музей

inzu ndangamurage

школа

ishuri

университет

kaminuza

банк

banki

больница

ibitaro

гостиница

hoteli

аптека

farumasi

офис

ibiro

книжный магазин

inzu bagurishirizamo ibitabo

магазин

iduka

цветочный магазин

umucuruzi w'indabo

супермаркет

amangazini manini

рынок

isoko

универмаг

idepo

торговец рыбой

umucuruzi w'amafi

торговый центр

iduka rinini

порт

icyambu

парк

parike

скамейка

intebe y'urubaho

мост

iteme

лестница

amadarajya

метро

inzira yo munsi y'ubutaka

тоннель

umuhanda wo munsi y'ubutaka

автобусная остановка

icyapa cya bisi

бар

bare

ресторан

resitora

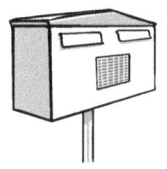

почтовый ящик

agasanduku k'amabaruwa

табличка с названием улицы

icyapa cyo ku muhanda

паркометр

mubazi ya parikingi

зоопарк

zoo

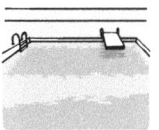

бассейн

pisine

мечеть

umusigiti

ферма

ifamu

загрязнение окружающей
среды

kwangiza umwuka

кладбище

irimbi

церковь

ikiriziya

детская площадка

ikibuga k'imikino

храм

urusengero

## ландшафт

## umurambi

лист
ikibabi

дорожный указатель
icyapa kiyobora

дорога
inzira

луг
umukenke

камень
ibuye

дерево
igiti

путешественник
umuntu utembera mu misozi

река
umugezi

трава
ibyatsi

цветок
indabo

долина

ikibaya

гора

agasozi

озеро

ikiyaga

лес

ishyamba

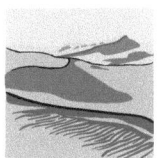

пустыня

ubutayu

вулкан

ikirunga

замок

ingoro

радуга

umukororombya

гриб

icyobo

пальма

ikigazi

комар

umubu

муха

isazi

муравей

intozi

пчела

uruyuki

паук

igitagangurirwa

жук

ikivumvuri

лягушка

igikeri

белка

inkima

еж

imbuni

заяц

urukwavu

сова

igihunyira

птица

inyoni

лебедь

igishuhe

кабан

isatura

олень

ingeragere

лось

impongo

плотина

urugomero

ветряной генератор

igipanga kikaraga kikazana umuyaga

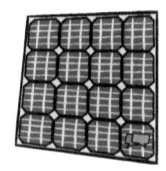

солнечная батарея

urubaho rukurura imirasire

климат

ikirere

# ресторан
# resitora

официант
umuseriveri
меню
ibiryo byateguwe
стул
intebe
суп
isupu
пицца
piza
столовые приборы
ibikoresho byo kumeza
скатерть
igitambaro cyo gutegura ku meza


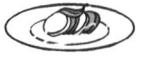

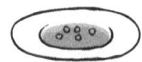

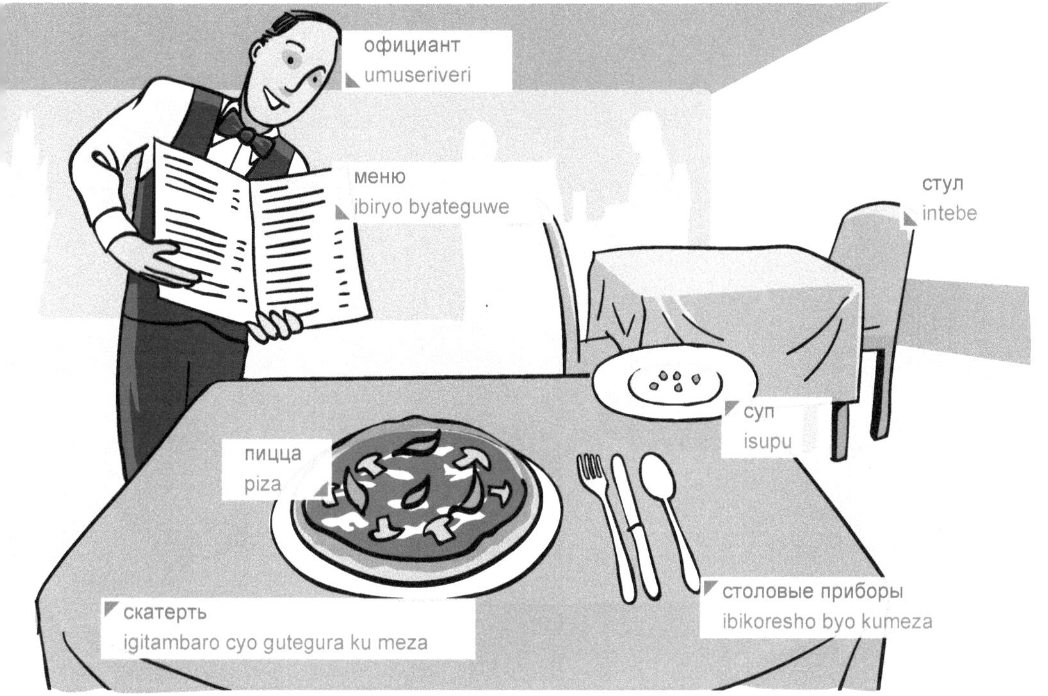

закуска

aperitifu

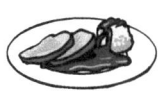

главное блюдо

isahani nkuru

десерт

deseri

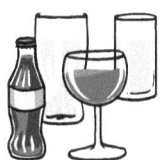

напитки

ibinyobwa

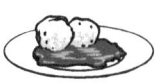

еда

ibiribwa

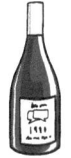

бутылка

icupa

фастфуд

ibiryo barya bagenda

уличная еда

ibiryo byo kumuhanda

чайник

ibirika y'icyayi

сахарница

agakombe k'isukari

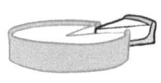

порция

isahani y'ibiryo

кофеварка

imashini y'ikawa ya esipereso

детский стульчик

intebe ndende

счет

inyemezabuguzi

поднос

ipurato

нож

icyuma

вилка

ikanya

ложка

ikiyiko

чайная ложка

akayiko k'icyayi

салфетка

seriviyete

стакан

ikirahure cyo kunywesha

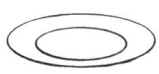

тарелка

isahani

суповая тарелка

isahani y'isupu

блюдце

agasutasi

соус

isosi

солонка

agacupa k'umunyu

мельница для перца

agasekuru k'urusenda

уксус

vinegere

масло

amavuta

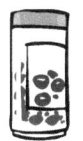

специи

ibirunge

кетчуп

kecapu

горчица

mutaride

майонез

mayonezi

# супермаркет

# amangazini manini

специальное предложение
igiciro kidasanzwe
FOR
покупатель
umukiriya
молочные продукты
ibiva mu mata
фрукты
imbuto
тележка для покупок
akagorofani ko mu iduka


BUTCHERS


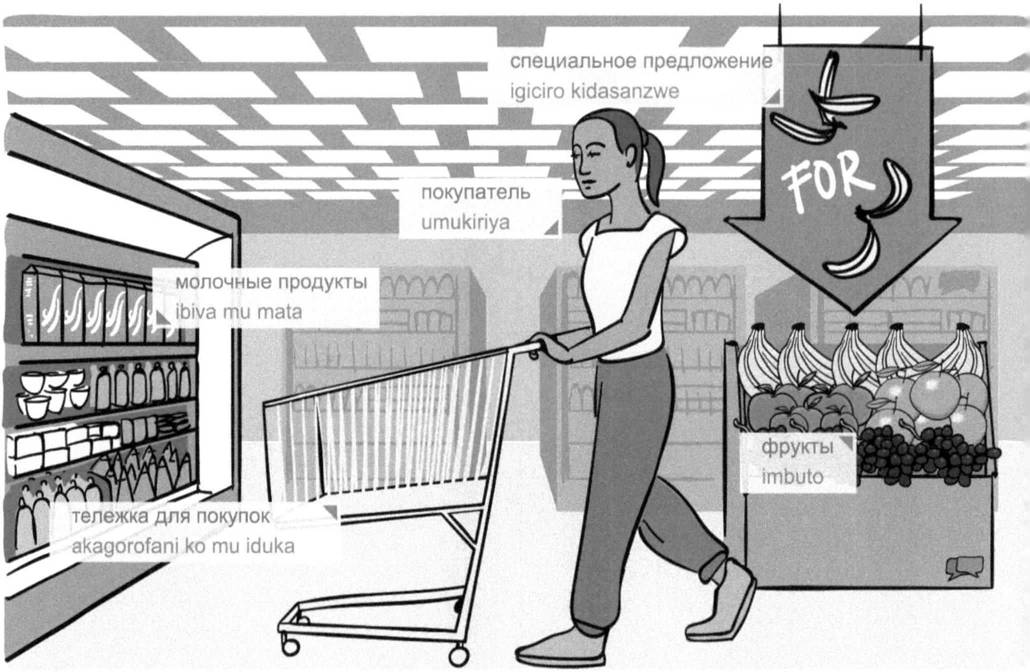

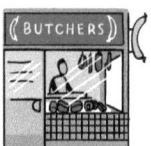

мясной магазин

busheri

BAKERY


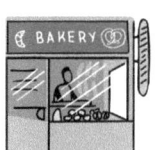

пекарня

buranjeri

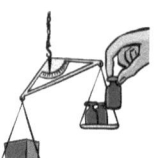

взвешивать

gupima ibiro

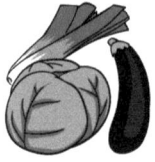

овощи

imboga

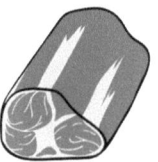

мясо

inyama

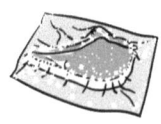

быстрозамороженные продукты

ibiryo bakonjesheje

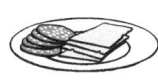

нарезка

inyama zikonje

консервы

ibiryo byo mu makopo

стиральный порошок

isabune y'ifu

сладости

bombo

предмет домашнего обихода

ibikoresho byo mu rugo

моющее средство

imiti isukura

продавщица

umucuruzikazi

касса

kukesa

кассир

umubitsi

список покупок

urutonde rwo guhaha

время работы

amasaha haba hafunguye

бумажник

ipotomoni

кредитная карточка

ikarita ya banki

сумка

umufuka

полиэтиленовый пакет

imifuko ya pulasitike

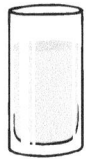

вода

amazi

сок

umutobe

молоко

amata

кока-кола

koka

вино

divayi

пиво

byeri

алкоголь

inzoga

какао

shokora ishyushye

чай

icyayi

кофе

ikawa

эспрессо

ikawa ya esipereso

капучино

kapucino

банан

umuneke

яблоко

pome

апельсин

icunga

арбуз

wotameloni

лимон

indimu

морковь

karoti

чеснок

tungurusumu

бамбук

umugano

лук

urutunguru

гриб

icyoba

орехи

ubunyobwa

лапша

amakaroni

спагетти

spageti

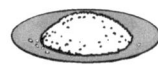

рис

umuceri

салат

salade

картофель фри

udufiriti

жареный картофель

ibirayi by'ifiriti

пицца

piza

гамбургер

hamburugeri

сэндвич

sanduwici

шницель

escalope

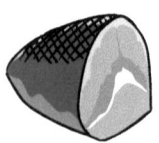

ветчина

jambo

салями

salami

колбаса

sosiso

курица

inkoko

жаркое

kotsa

рыба

ifi

овсяные хлопья

igikoma cy'uburo

мюсли

pisitashi

кукурузные хлопья

impeke

мука

ifu

круассан

kuruwasa

булочка

amandazi

хлеб

umugati

тост

umugati wumishijwe

печенье

ibisuguti

масло

amavuta

творог

forumaje year

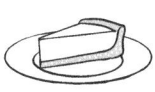

пирог

keke

яйцо

igi

яичница

umureti

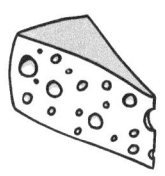

сыр

forumaje

мороженое

ayisikirimu

сахар

isukari

мёд

ubuki

мармелад

konfitire

крем с нугой

shokora

карри

kiri

# ферма
# ifamu

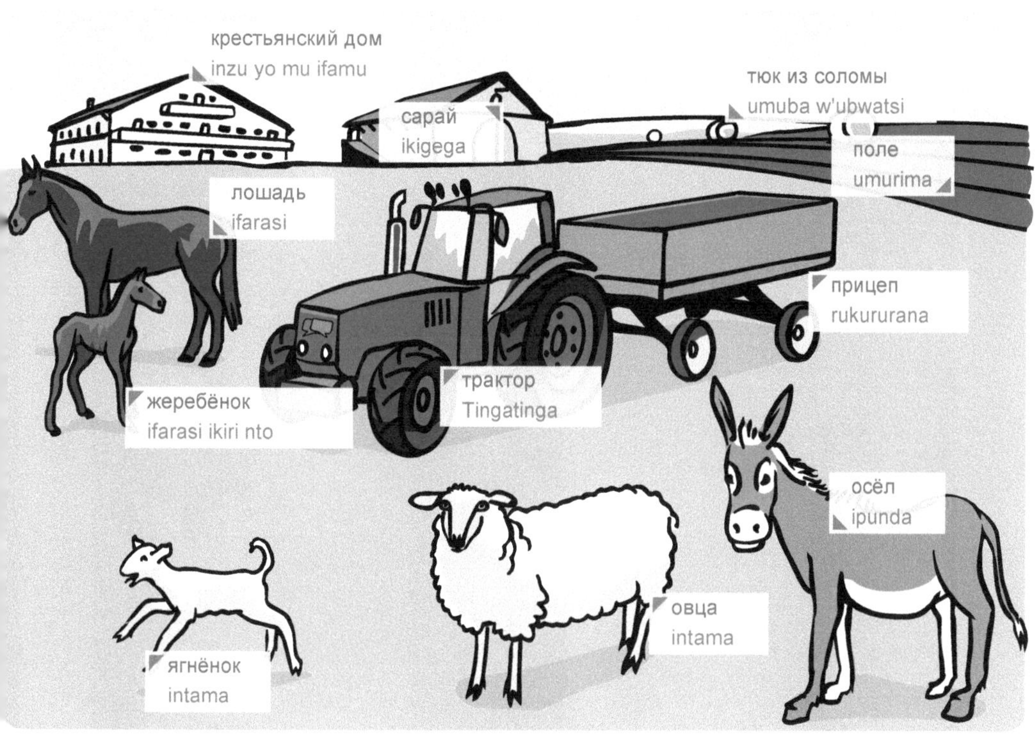

крестьянский дом
inzu yo mu ifamu
тюк из соломы
umuba w'ubwatsi
сарай
ikigega
поле
umurima
лошадь
ifarasi
прицеп
rukururana
трактор
Tingatinga
жеребёнок
ifarasi ikiri nto
осёл
ipunda
овца
intama
ягнёнок
intama


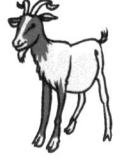

коза

ihene

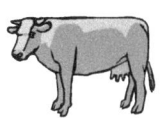

корова

inka

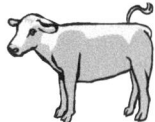

телёнок

umutavu

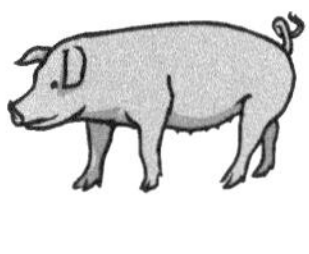

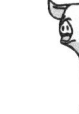

свинья

ingurube

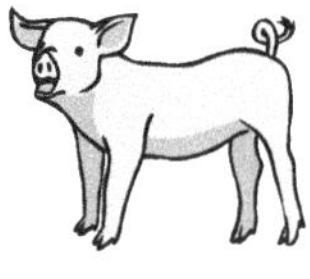

поросёнок

ikibwana k'ingurube

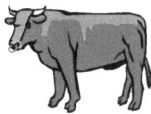

бык

ikimasa

гусь

igishuhe

утка

imbata

цыплёнок

umushwi

курица

inkokokazi

петух

isake

крыса

imbeba

кошка

injangwe

мышь

imbeba

вол

ikimasa

собака

imbwa

конура

ikiruka

садовый шланг

itiyo ijyana mu karima

лейка

arozuwari

коса

najuru

плуг

imashini ihinga

ферма - ifamu

серп

najuru

мотыга

isuka

навозные вилы

rato

топор

ishoka

тачка

ingorofani

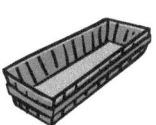

корыто

ikibumbiro

бидон для молока

inkongoro

мешок

igunira

забор

urugo

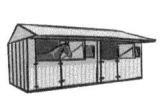

хлев

ikiraro

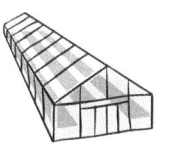

теплица

inzu ihingwamo

почва

ubutaka

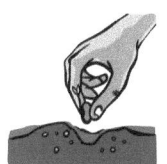

посев

imbuto zo gutera

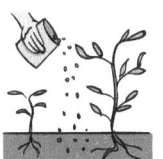

удобрение

ifumbire

комбайн

imashini isarura

собирать урожай

gusarura

урожай

umusaruro

ямс

ibikoro

пшеница

ingano

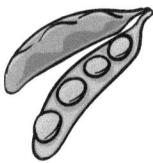

соя

soya

картофель

ikirayi

кукуруза

ikigori

рапс

umwayi weze

фруктовое дерево

igiti k'imbuto

маниок

umwumbati

злаки

impeke

дымоход
shemine

крыша
igisenge

водосточный желоб
umureko

окно
idirishya

гараж
igaraji

звонок
inzogera yo ku muryango

дверь
umuryango

мусорное ведро
pubere

почтовый ящик
agasanduku k'amabaruwa

сад
ubusitani

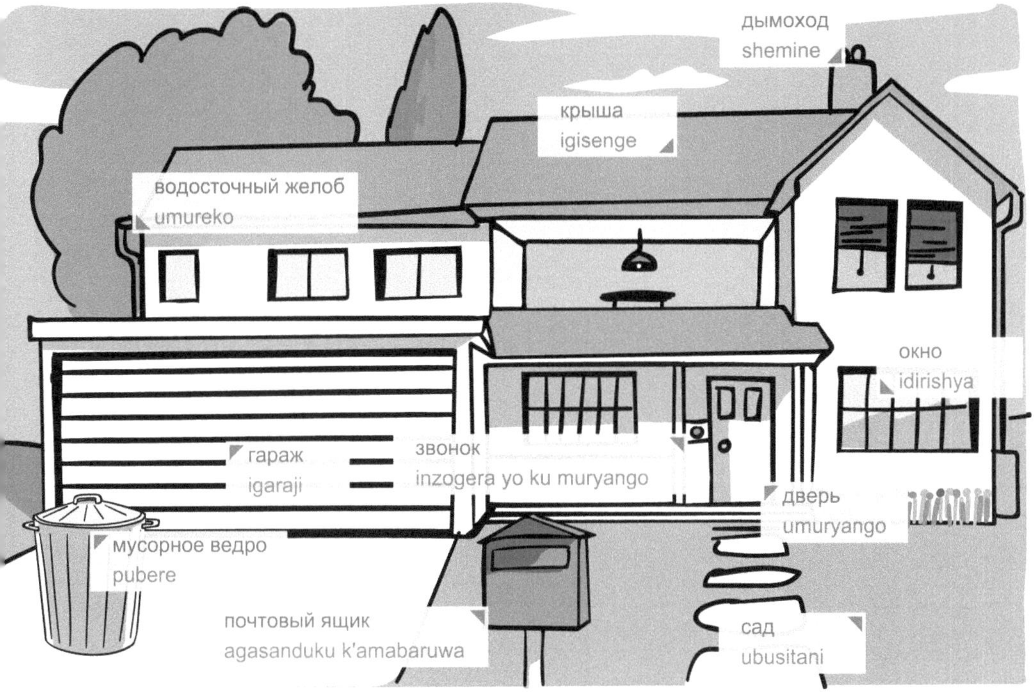

гостиная

icyumba cy'uruganiriro

ванная комната

ubwogero

кухня

igikoni

спальня

icyumba cyo kuraramo

детская комната

icyumba cy'abana

столовая

uburiro

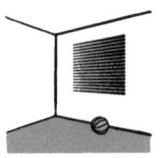

пол

hasi

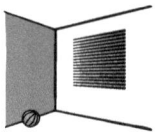

стена

urukuta

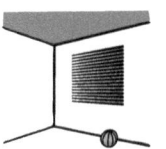

потолок

purafo

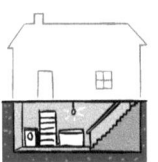

подвал

kave

сауна

sawuna

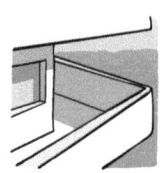

балкон

urubaraza

терраса

ku rubaraza

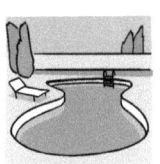

бассейн

pisine

газонокосилка

imashini ikupakupa

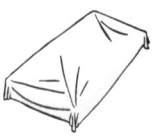

пододеяльник

umwenda utwikira

покрывало

kuvureri

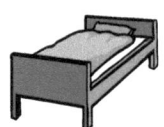

кровать

igitanda

метла

umweyo

ведро

indobo

выключатель

enteributeri

# гостиная

# icyumba cy'uruganiriro

обои
urupapuro rwomekwa ku rukuta
рисунок
ifoto
лампа
itara
полка
etajere
шкаф
akabati
телевизор
televiziyo
камин
shemine
цветок
indabo
подушка
umusego
диван
ifoteyi nini
ваза
icyungo k'indabo
пульт дистанционного управления
terekomande


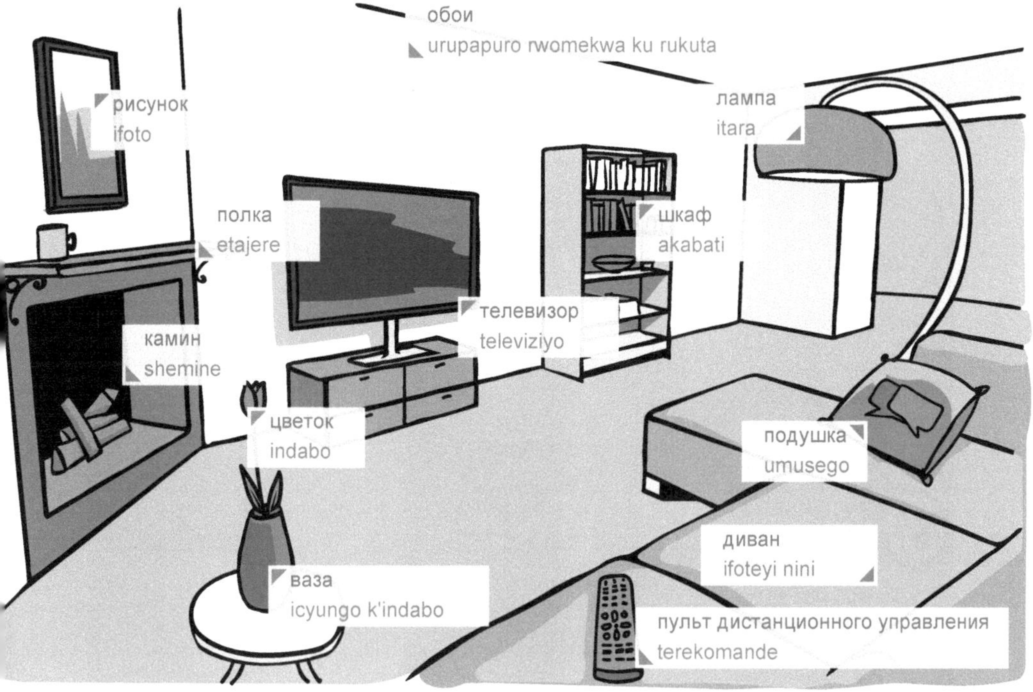

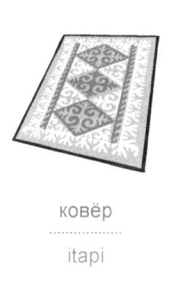

ковёр

itapi

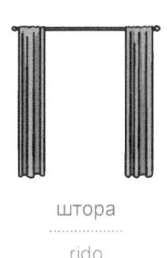

штора

rido

стол

ameza

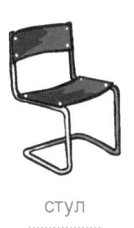

стул

intebe

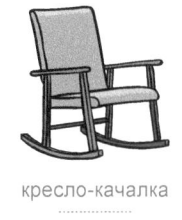

кресло-качалка

intebe yizengurutsa

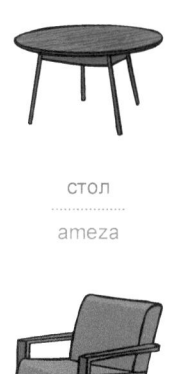

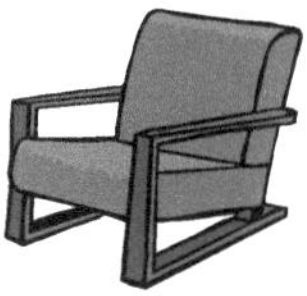

кресло

ifoteyi

книга

igitabo

покрывало

uburingiti

украшение

umutako

дрова

inkwi

фильм

filimi

стереосистема

ibikoresho bya hifi

ключ

urufunguzo

газета

ikinyamakuru

картина

ishusho

плакат

icyapa

радио

iradiyo

блокнот

ikarine

пылесос

umweyo wa kizungu
ukoresha umwka

кактус

ikimungu

свеча

buji

# кухня
# igikoni

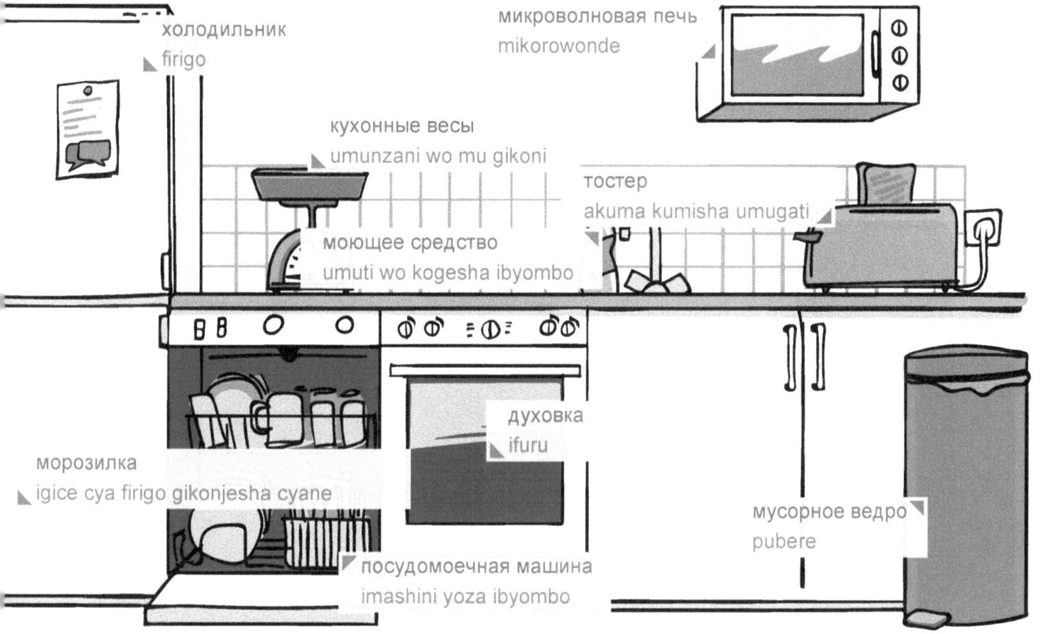
холодильник
firigo
микроволновая печь
mikorowonde
кухонные весы
umunzani wo mu gikoni
тостер
akuma kumisha umugati
моющее средство
umuti wo kogesha ibyombo
духовка
ifuru
морозилка
igice cya firigo gikonjesha cyane
мусорное ведро
pubere
посудомоечная машина
imashini yoza ibyombo

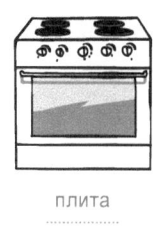

плита

iziko

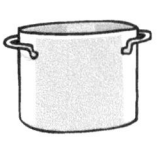

кастрюля

icyungo

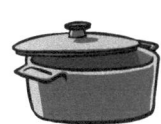

чугунный котелок

inkono y'icyuma

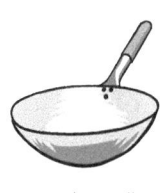

вок / кадай

ipanu ifukuye cyane

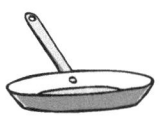

сковорода

ipanu

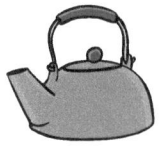

чайник

ibirika

**пароварка**

isafuriya ya peresiyo

**противень**

isahani yo mu ifuru

**посуда**

ibyombo

**кружка**

igikombe

**миска**

isorori

**палочки для еды**

uduti abashinwa barisha

**половник**

ikiyiko kigabura

**лопатка**

lkiyiko cyarura ifiriti

**сбивалка**

umutozo

**сито**

paswari

**сито**

akayunguruzo

**тёрка**

agaharuzo ka karoti

**ступка**

isekuru

**гриль**

icyokezo

**костёр**

shomine

доска

akabaho ko gukatiraho imboga

скалка

umwuko

штопор

urufunguzo rwa divayi

жестяная банка

agakopo

консервный нож

urufunguzo rw'amakopo

прихватка

umukondo w'icyungo

раковина

ravabo

щетка

uburoso

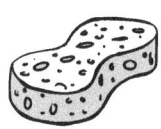

губка

iponji

миксер

mixer

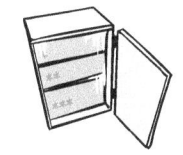

морозильная камера

firigo itambitse

бутылочка для кормления

bibero

кран

robine

# ванная комната

# ubwogero

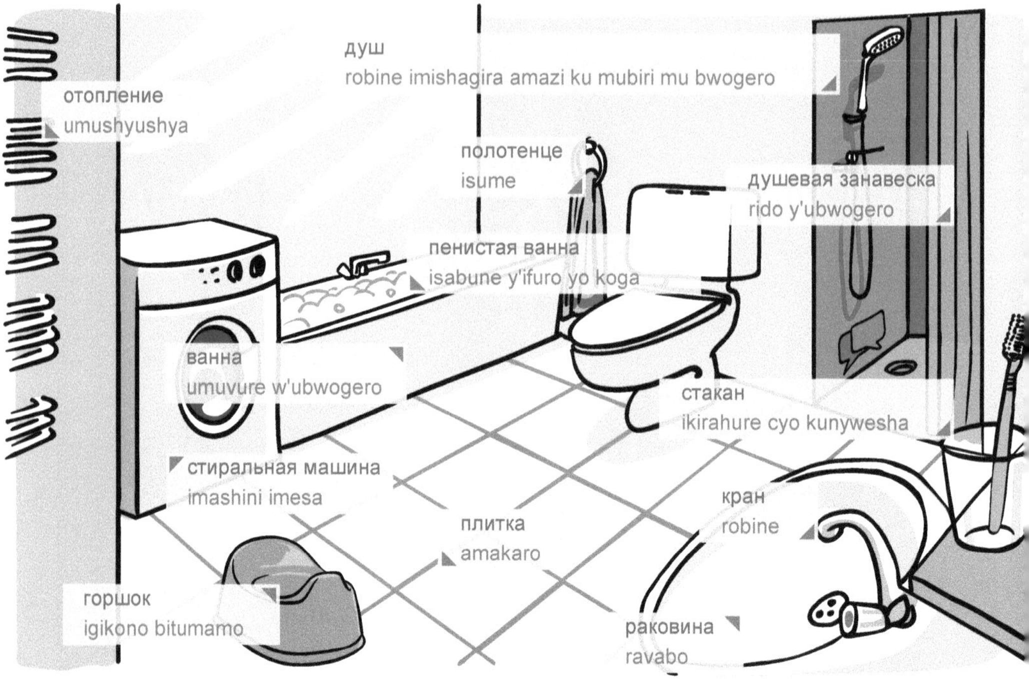

отопление
umushyushya
душ
robine imishagira amazi ku mubiri mu bwogero
полотенце
isume
душевая занавеска
rido y'ubwogero
пенистая ванна
isabune y'ifuro yo koga
ванна
umuvure w'ubwogero
стакан
ikirahure cyo kunywesha
стиральная машина
imashini imesa
кран
robine
плитка
amakaro
горшок
igikono bitumamo
раковина
ravabo


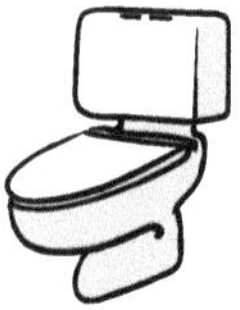

туалет

ubwiherero

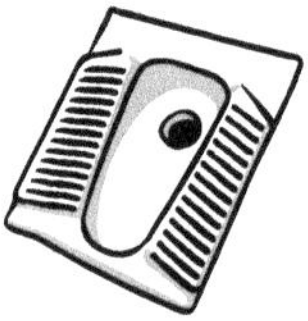

напольный унитаз

umusarani wo gusutama

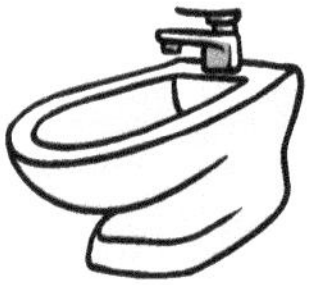

биде

igikono cy'ubwiherero bwo mu nzu

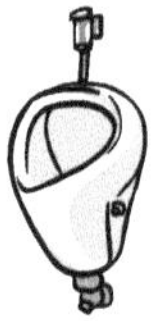

писсуар

aho bihagarika

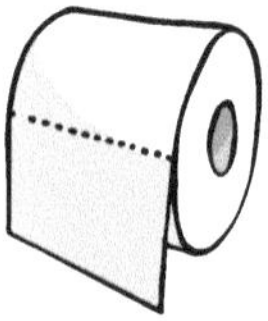

туалетная бумага

papiyejenike

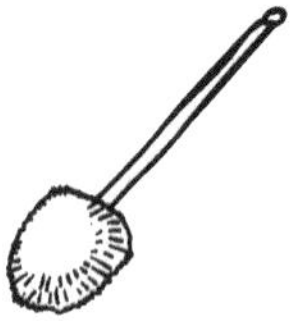

ершик

uburoso bwo mu bwiherero

зубная щетка

uburoso bw'amenyo

зубная паста

korogati

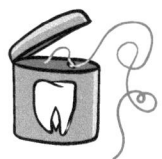

зубная нить

akagozi ko kwihaganyuza amenyo

мыть

gukaraba

ручной душ

akamishagira amazi ku mubiri bafata mu ntoki

интимный душ

ubwogero bw'amazi yisuka

таз

lavabo bakarabiramo intoki

щетка для спины

uburoso bwo kwitsiritisha mu mugongo

мыло

isabune

гель для душа

isabune yo mu bwogero

шампунь

isabune yo kumeshesha umusatsi

мочалка

icyangwe cyo kwiyuhagiza

сток

kuyobora amazi yanduye

крем

ikimuri

дезодорант

umubavu

зеркало

ikirori cyo mu ntoki

ручное зеркало

ikirori cyo mu ntoki

бритва

urwembe

пена для бритья

ifuro ryo kurinda imiburu

лосьон после бритья

umuti ukingira imiburu

расческа

igisokozo

щетка

uburoso

фен

imashini yumisha umusatsi

лак для волос

amarashi y'umusatsi

косметика

igishahuro cyo kwitera

губная помада

rujalevure

лак для ногтей

verini y'inzara

вата

ipamba

маникюрные ножницы

agasena inzara

духи

umubavu

косметичка

agafuka k'ibikoresho byo
mu bwogero

табуретка

intebe

весы

umunzani

халат

ikanzu yo kujyana mu
bwogero

резиновые перчатки

udupfukantoki two
gusukuza

тампон

urubindo

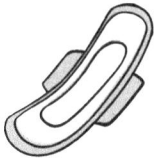

гигиеническая прокладка

udupapuro two
kwihanaguza mu bwiherero

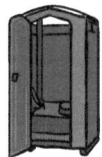

биотуалет

ubwiherero bwimukanwa

# детская комната
# icyumba cy'abana

будильник
inzogera y'isaha ikangura
мягкая игрушка
igipupe gikoze mu myenda
игрушечный автомобиль
udukinisho tw'imodoka
погремушка
ikinyuguri
кукольный домик
inzu y'ibipupe
подарок
impano

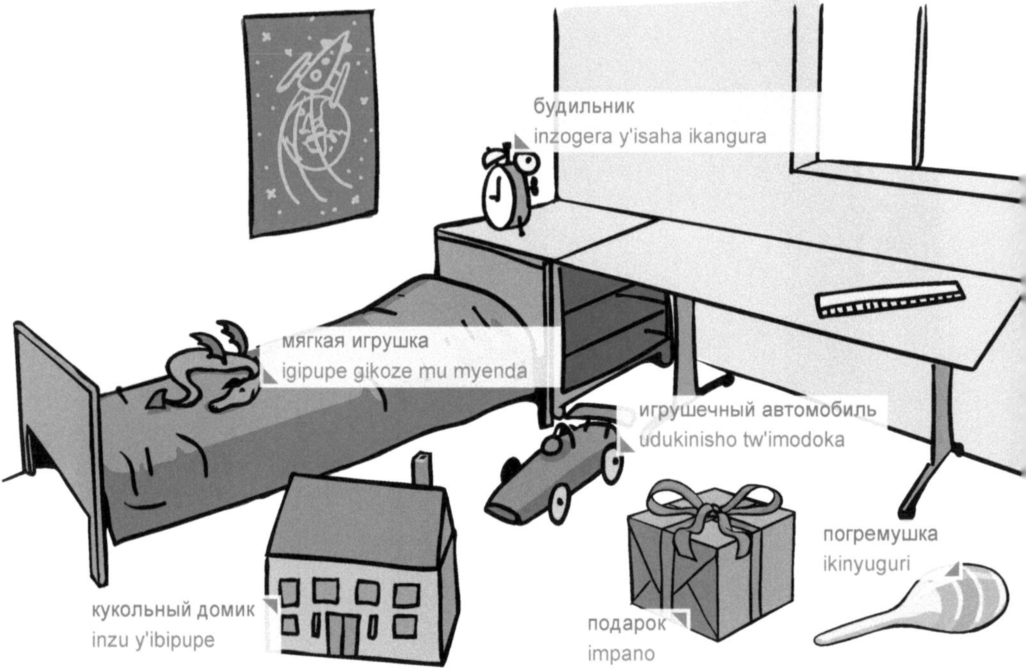

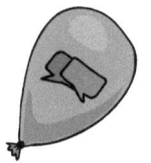

воздушный шар

ballon

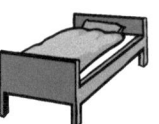

кровать

igitanda

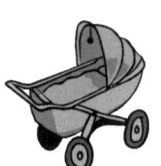

детская коляска

agapusipusi

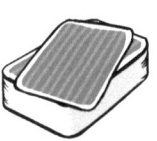

карточная игра

amakarita

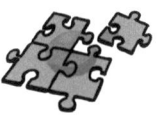

пазл

kubaka ishusho bacagaguye

SUPER MEGA

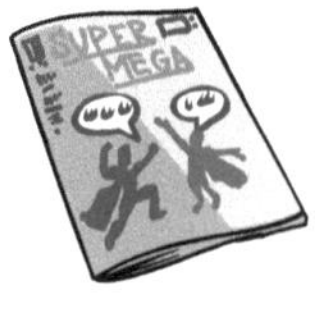

комикс

inkuru isetsa

кирпичики Лего

gucomekanya udutafari

кубики

udutafari tw'udukinisho

игрушечная фигурка

igikinisho

ползунки

ipinjama y'uruhinja

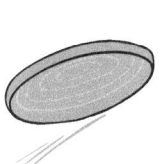

фрисби

gutera indege

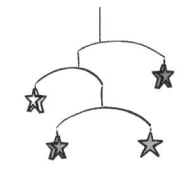

мобиле

terefoni ngendanwa

настольная игра

imikino yo kuganiriraho

кубик

igisoro

модель железной дороги

gariyamoshi y'igikinisho

соска

ikinyonyo

вечеринка

umunsi mukuru

книга с картинками

arubumu

мяч

umupira

кукла

agapupe

играть

gukina

песочница

igikarito cy'umucanga

качели

urwicundo

игрушка

ibikinisho

игровая приставка

agasanduku k'imikino yo kuri videwo

трёхколесный велосипед

akagare k'imipine itatu

плюшевый медвежонок

igipupe k'ibyoya

шкаф для одежды

akabati k'imyenda

## одежда

## imyambaro

носки

amasogisi

чулки

amasogisi afatanye n'ikariso

колготки

kora

шарф
akitero

ремень
umukandara

зонтик
umutaka

футболка
agapira ko hejuru

сапоги
bote

тапки
inkweto zo kubyukan

кроссовки
superese

сандалии
isandari

ботинки
inkweto

резиновые сапоги
bote za kawucu

трусы
imyenda y'imbere

бюстгальтер
isutiye

майка
isengeri

боди

body

брюки

ipantalo

джинсы

ikoboyi

юбка

ijipo

блузка

ishati y'abagore

рубашка

ishati

свитер

umupira w'imbeho

свитер

umupira w'ingofero

спортивная куртка

agakoti

жакет

ijaketi

пальто

ikoti

плащ

ikoti ry'imvura

костюм

umwambaro w'ibikino

платье

ikanzu

свадебное платье

ikanzu y'abageni

мужской костюм

kostitimu

ночная сорочка

ikanzu yo kurarana

пижама

ipinjama

сари

umukenyero w'abahindikazi

платок

igitambaro cyo mu mutwe

тюрбан

urugori

паранджа

umwitandiro uhisha isura

кафтан

ikanzu ndende

абайя

igishura

купальник

imyenda yo
kwidumbaguzanya

плавки

ikariso yo
kwidumbaguzanya

шорты

ikabutura

спортивный костюм

tereningi

фартук

itaburiya

перчатки

udupfukantoki

пуговица

igipesu

очки

amadarubindi

браслет

igikomo

цепочка

umukufi

кольцо

impeta

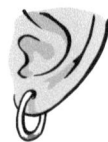

серьга

iherena

шапка

ingofero

вешалка

porutemanto

шляпа

ingofero

галстук

karuvati

застежка молния

imashini yo ku mwenda

шлем

kasike

подтяжки

amaburuteri

школьная форма

umwambaro w'ishuri

форма

impuzankano

детский нагрудник

agakingirankonda

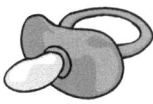

соска

ikinyonyo

подгузник

amaranje

# офис
## ibiro

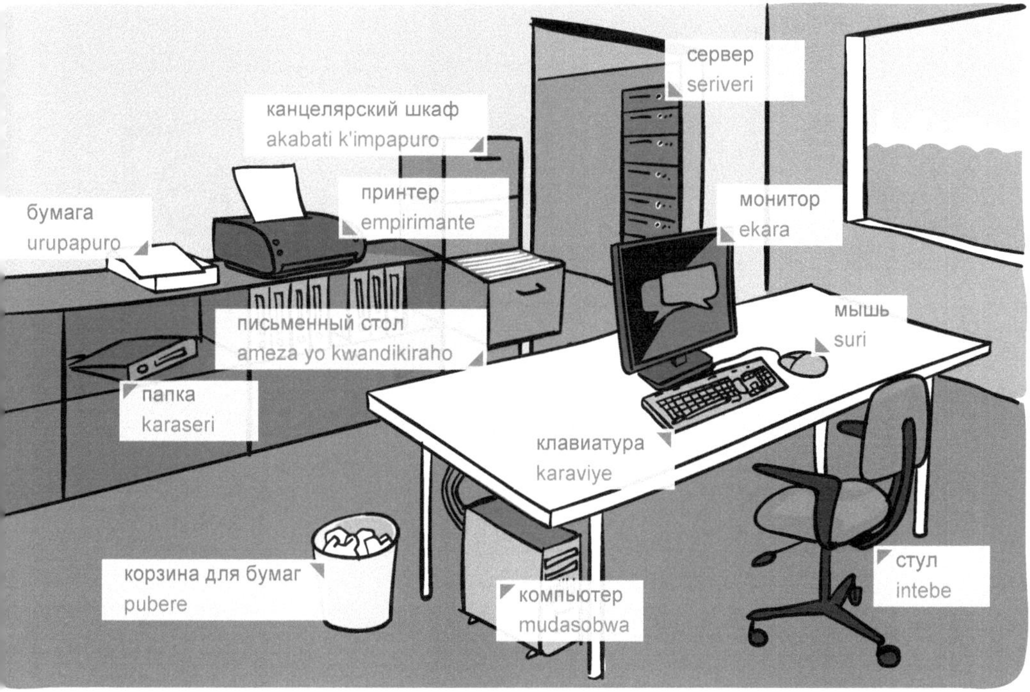

сервер
seriveri

канцелярский шкаф
akabati k'impapuro

принтер
empirimante

монитор
ekara

бумага
urupapuro

письменный стол
ameza yo kwandikiraho

мышь
suri

папка
karaseri

клавиатура
karaviye

корзина для бумаг
pubere

стул
intebe

компьютер
mudasobwa

кофейная кружка

igikombe k'ikawa

калькулятор

akabarisho

интернет

enterineti

ноутбук

laputopu

письмо

ibaruwa

сообщение

ubutumwa

мобильный телефон

ngendanwa

сеть

netiwake

ксерокс

fotokopiyeze

программа

porogaramu

телефон

telefoni

розетка

purize

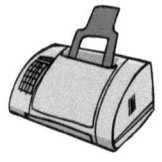

факс

imashini yohereza fagisi

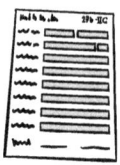

формуляр

fomu

документ

inyandiko

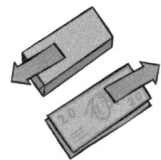

покупать

kugura

платить

kwishyura

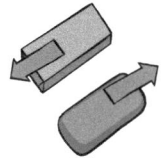

торговать

gucuruza

деньги

amafaranga

доллар

idorari

евро

iyero

иена

iyeni

рубль

irubure

франк

ifaranga ry'irisuwisi

жэньминьби юань

iriyuwani

рупия

irupi

банкомат

icyuma cya banki
babikurizaho

пункт обмена валюты

ku muvunjayi

золото

zahabu

серебро

feza

нефть

peteroli

энергия

ingufu z'amashanyarazi

цена

igiciro

договор

kontaro

налог

tagisi

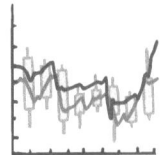

акция

isoko ryo kugura no
kugurisha

работать

gukora

служащий

umukozi

работодатель

umukoresha

фабрика

uruganda

магазин

iduka

# профессии

# imirimo

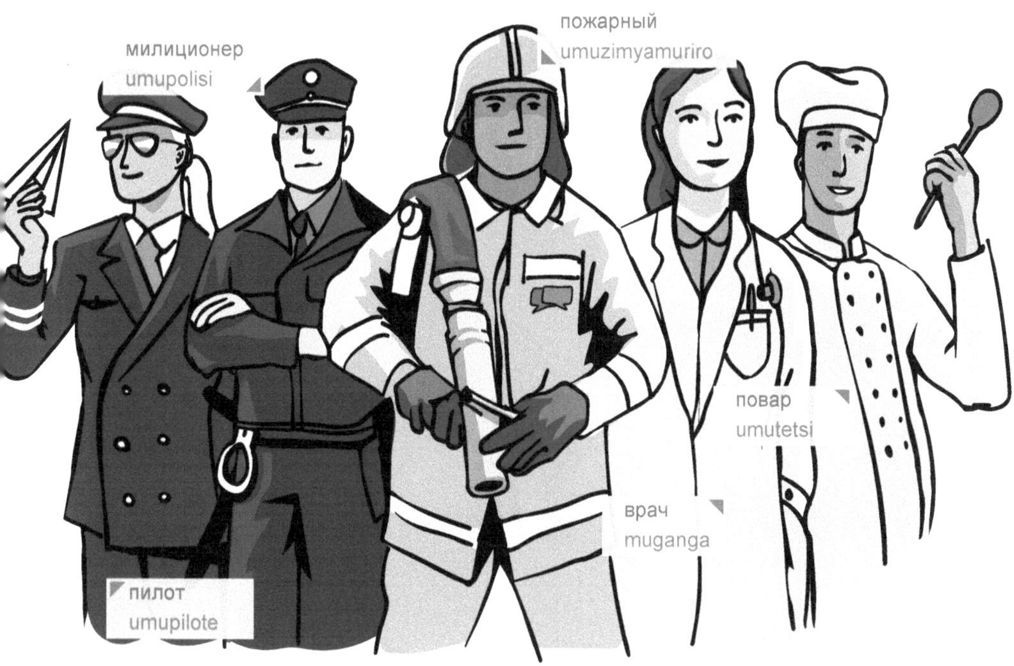
милиционер
umupolisi
пожарный
umuzimyamuriro
повар
umutetsi
врач
muganga
пилот
umupilote

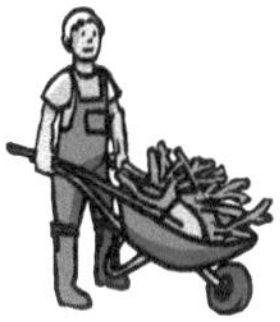

садовник

umujaridiniye

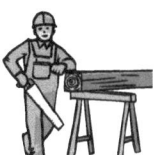

столяр

umubaji

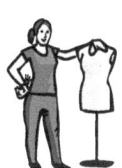

швея

umudozi

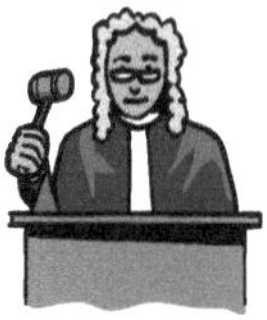

судья

umucamanza

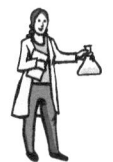

химик

umunyabutabire

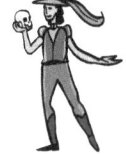

актёр

umukinnyi wa filimi

водитель автобуса

umushoferi wa bisi

таксист

umushoferi wa tagisi

рыбак

umurobyi

уборщица

umugore ushinzwe gukora isuku

кровельщик

umufundi usakara

официант

umuseriveri

охотник

umuhigi

художник

umuntu usiga irangi

пекарь

Umuntu ukora imigati

электрик

Umuntu ukora mu mashanyarazi

строитель

umufundi

инженер

injenyeri

мясник

umubazi

сантехник

umutnu ukora mu mazi

почтальон

umuparanto

солдат

umusirikare

архитектор

umwubatsi

кассир

umubitsi

флорист

umuntu ukora mu by'indabo

парикмахер

kimyozi

кондуктор

komvuwayeri

механик

umukanishi

капитан

kapiteni

зубной врач

muganga w'amenyo

ученый

umuhanga muri siyansi

раввин

rabi

имам

imamu

монах

umumwane

священник

umuyobozi w'idini

# инструменты
# ibikoresho

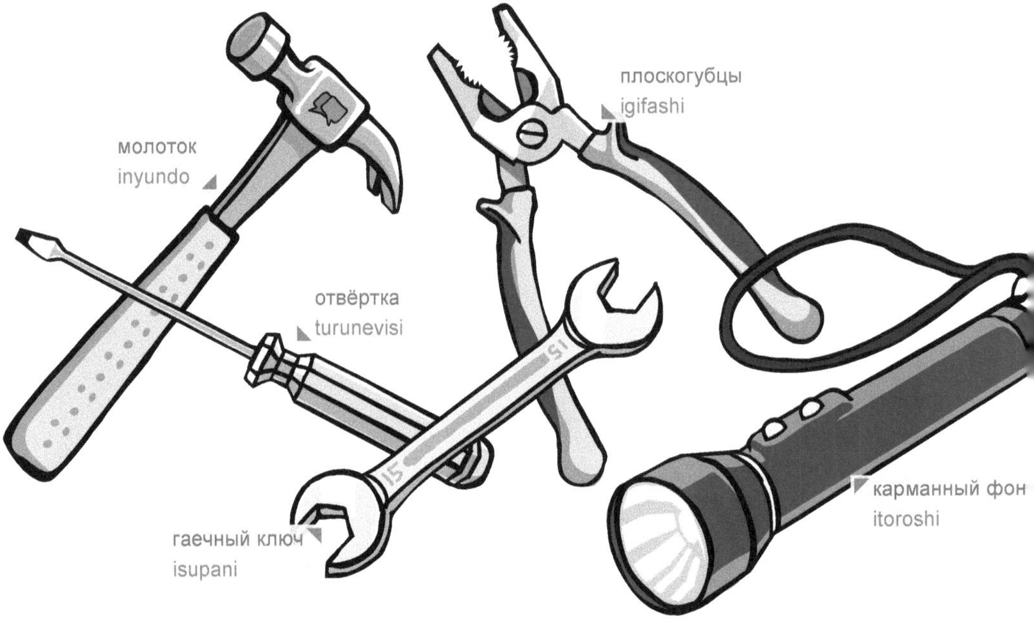
молоток
inyundo
плоскогубцы
igifashi
отвёртка
turunevisi
гаечный ключ
isupani
карманный фон
itoroshi

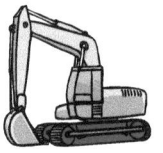

экскаватор

ipiki

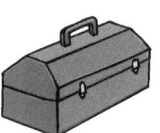

ящик для инструментов

isanduku y'ibikoresho

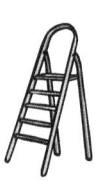

стремянка

urwego

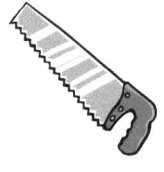

пила

urukero

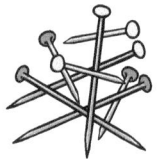

гвозди

imisumari

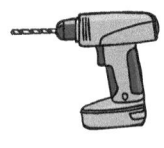

дрель

itindo

ремонтировать

gusana

лопата

igitiyo

Блин!

wo gacwa we

совок

igitiyo

ведро с краской

igikombe k'irangi

винты

amavisi

## музыкальные инструменты
## ibyuma by'umuziki

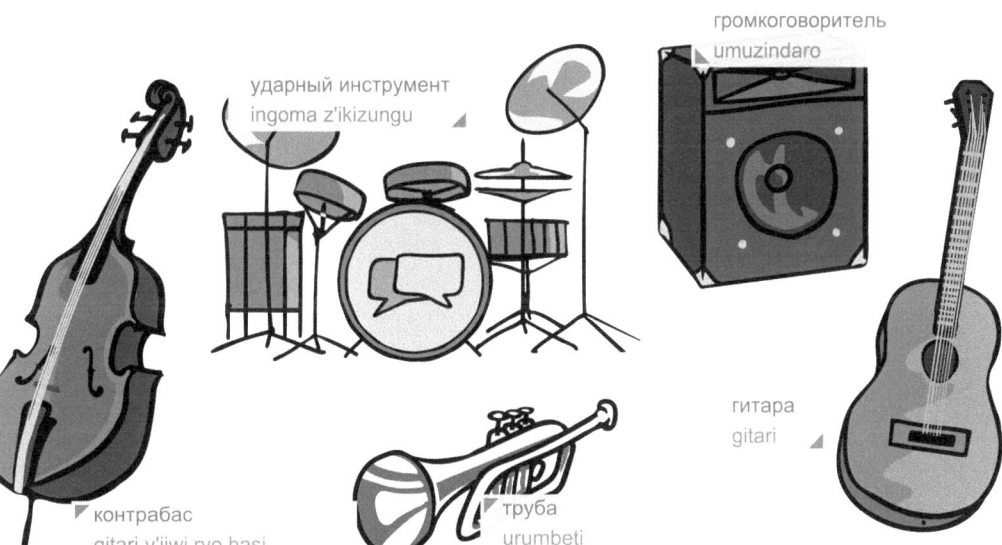

громкоговоритель
umuzindaro

ударный инструмент
ingoma z'ikizungu

гитара
gitari

контрабас
gitari y'ijwi ryo hasi

труба
urumbeti

пианино

piyano

скрипка

iningiri

бас-гитара

gitari idunda

литавры

sembare

барабан

ingoma

синтезатор

inanga ya kizungu

саксофон

sagisofone

флейта

umwirongi

микрофон

indanguruamajwi

# зоопарк

## zoo

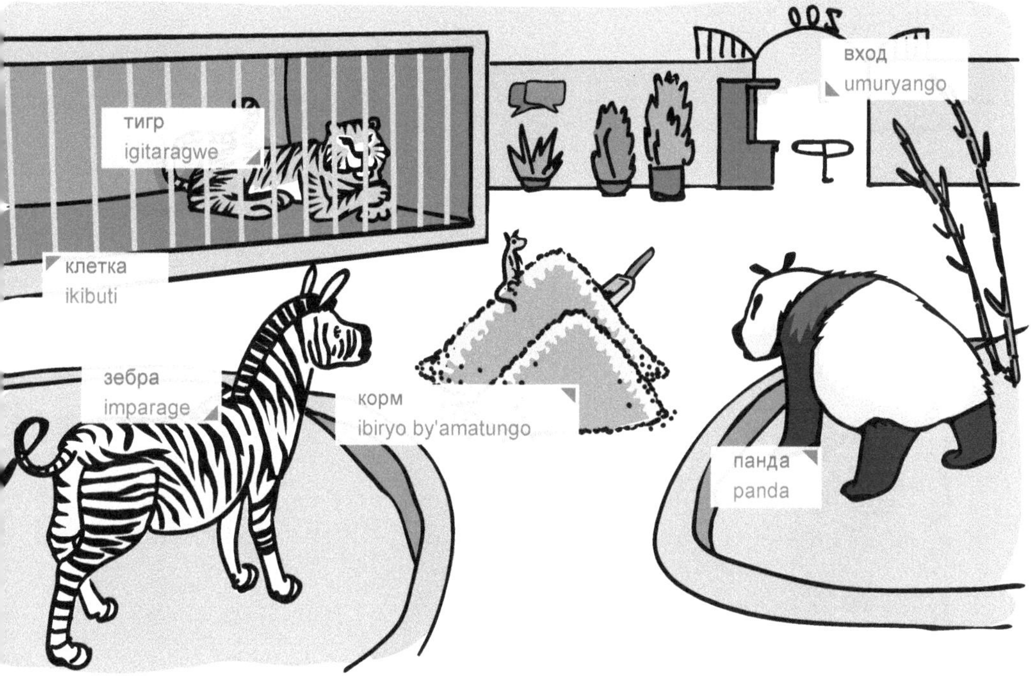

тигр
igitaragwe
вход
umuryango
клетка
ikibuti
зебра
imparage
корм
ibiryo by'amatungo
панда
panda


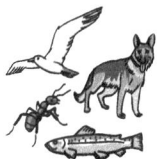

животные

inyamaswa

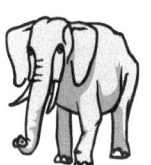

слон

inzovu

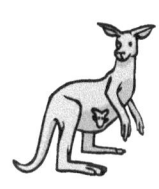

кенгуру

kanguru

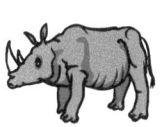

носорог

inkura

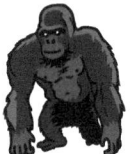

горилла

ingagi

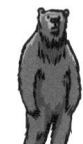

медведь

idubu

верблюд

ingamiya

страус

imbuni

лев

intare

обезьяна

inguge

фламинго

uruyongoyongo

попугай

gasuku

белый медведь

idubu yo mu bukonie

пингвин

inyoni yo ku mazi

акула

igifi kinini

павлин

inyoni y'amasunzu

змея

inzoka

крокодил

ingona

служитель зоопарка

umurinzi

тюлень

umuhuri

ягуар

ingwe

пони

icyana k'ifarasi

леопард

ingwe

бегемот

imvubu

жираф

umusumbarembo

орёл

inkona

кабан

isatura

рыба

ifi

черепаха

akanyamasyo

морж

igifi k'imikaka

лиса

umuhari

газель

isha

американский футбол
Futuboro y'abanyamerika

езда на велосипеде
gusiganwa ku magare

теннис
tenisi

баскетбол
Basiketi

плавание
umukino wo koga

бокс
umukino w'amakofe

хоккей
Hoke yo ku rubura

футбол
umupira w'amaguru

бадминтон
umukino wa badminton

лёгкая атлетика
abakina imikino
ngororamubiri

гандбол
handibolo

лыжный спорт
guserereka kuri neje

поло
polo

# действия

# ibikorwa

прыгать
gusimbuka
обнимать
guhobera
смеяться
guseka
петь
kuririmba
идти
kugenda
мечтать
kurota
молиться
gusenga
целовать
gusomana


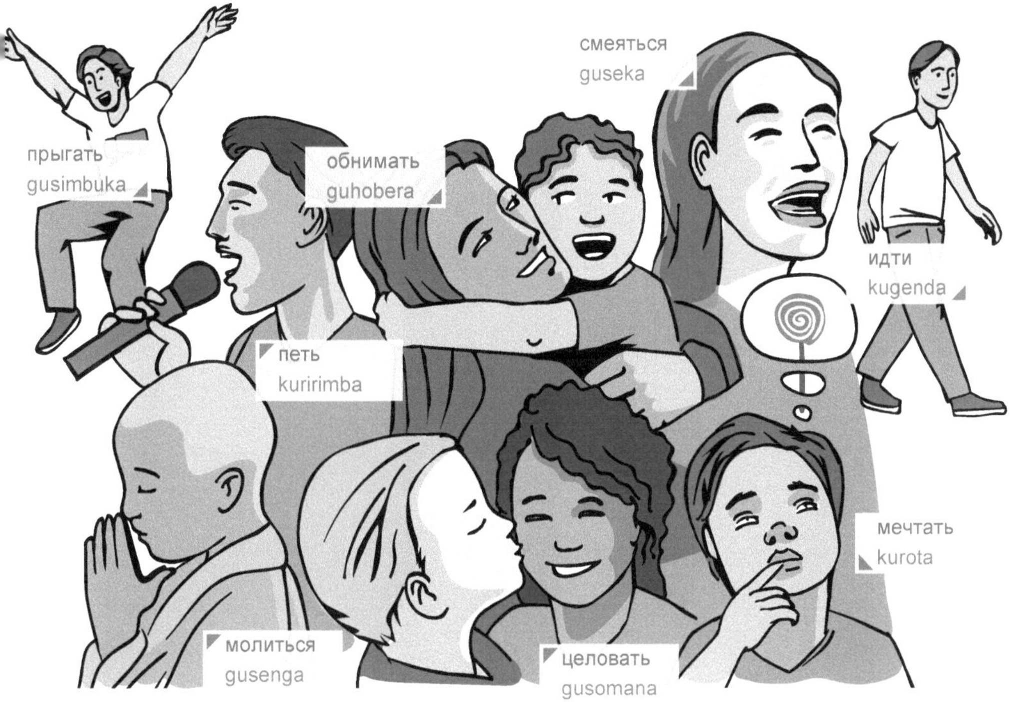

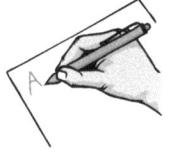

писать

kwandika

рисовать

gushushanya

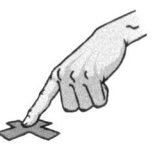

показывать

kwerekana

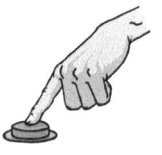

нажимать

gusunika

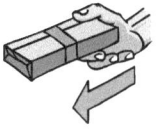

давать

gutanga

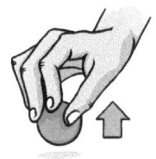

брать

gufata

иметь

kugira

делать

gukora

быть

kuba

стоять

guhaguruka

бежать

kwiruka

тянуть

gukurura

бросать

kujugunya

падать

kugwa

лежать

kuryama

ждать

gutegereza

носить

kwikorera

сидеть

kwicara

надевать

kwambara

спать

gusinzira

просыпаться

gukanguka

рассматривать

kureba

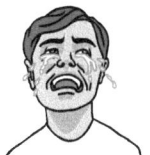

плакать

kurira

гладить

kwagaza

причесывать

gusokoza

говорить

kuvuga

понимать

gusobanukirwa

спрашивать

kubaza

слушать

kumva

пить

kunywa

кушать

kurya

наводить порядок

gushyira ku murongo

любить

gukunda

готовить

guteka

ехать

gutwara imodoka

летать

kuguruka

ходить под парусом

kugashya

считать

kubara

читать

gusoma

учиться

kwiga

работать

gukora

вступать в брак

kurongora

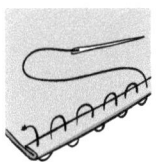

шить

kudoda

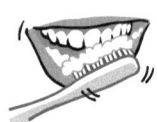

чистить зубы

uburoso bw'amenyo

убивать

kwica

курить

kunywa itabi

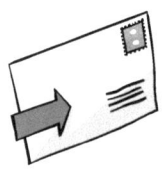

отправлять

kohereza

# семья

# umuryango

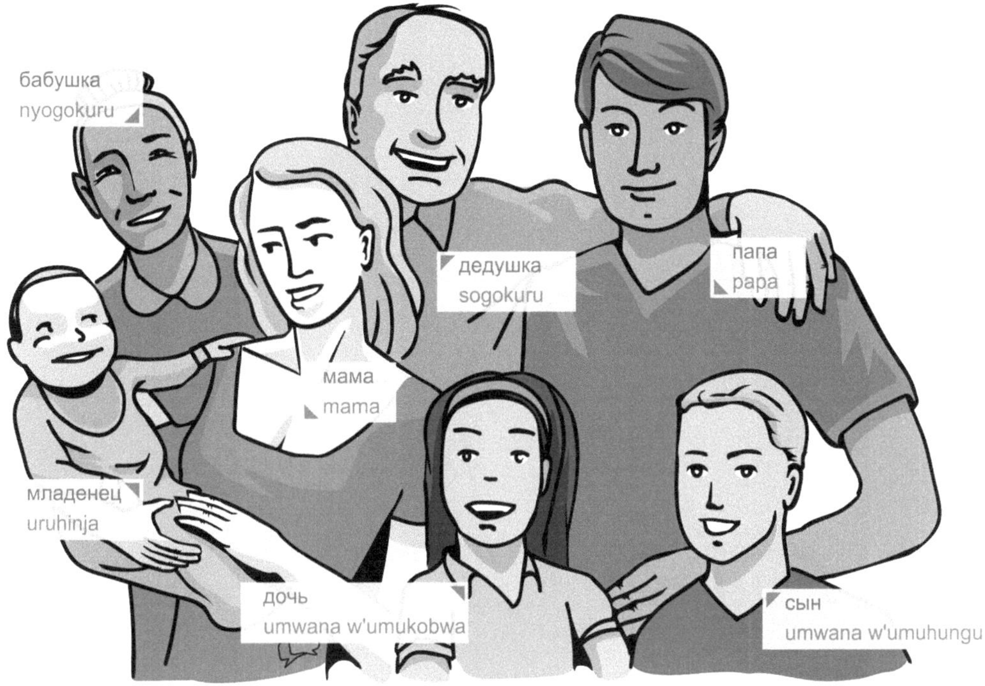
бабушка
nyogokuru
дедушка
sogokuru
папа
papa
мама
mama
младенец
uruhinja
дочь
umwana w'umukobwa
сын
umwana w'umuhungu

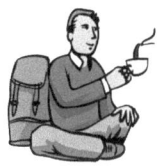

гость

umushyitsi

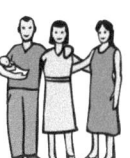

тетя

masenge

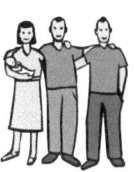

дядя

marume

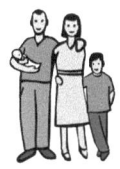

брат

musaza wange

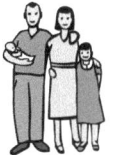

сестра

mushiki wange

# тело

# umubiri

лоб
agahanga k'imbere
глаз
ijisho
плечо
urutugu
палец
urutoki
лицо
isura
подбородок
akananwa
кисть
ikiganza
нога
ukuguru
грудь
ibere
рука
ukuboko


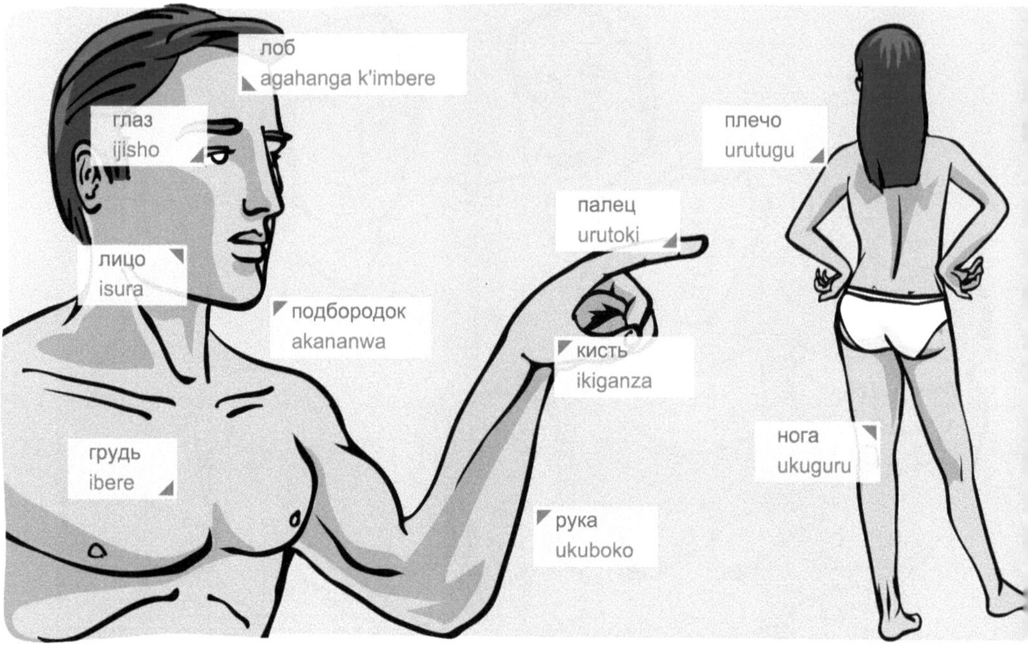

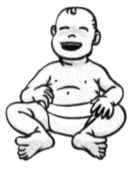

младенец

uruhinja

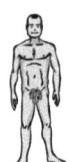

мужчина

umugabo

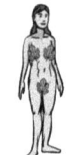

женщина

umugore

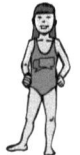

девочка

umukobwa

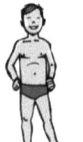

мальчик

umuhungu

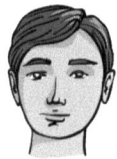

голова

umutwe

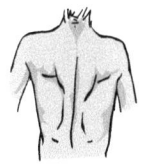

спина

umugongo

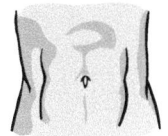

живот

inda

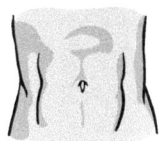

пупок

umukondo

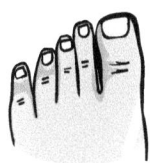

палец ноги

ino

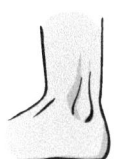

пятка

agatsinsino

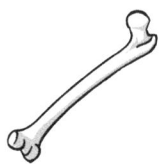

кость

igufa

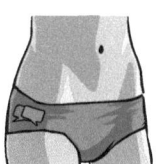

бедро

amayunguyungu

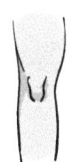

колено

ivi

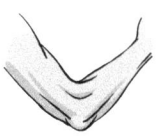

локоть

inkokora

нос

izuru

ягодицы

ikibuno

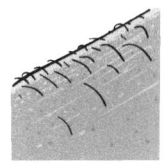

кожа

uruhu

щека

itama

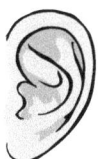

ухо

ugutwi

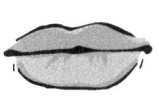

губа

umunwa

рот

mu munwa

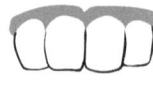

зуб

iryinyo

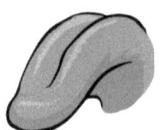

язык

ururimi

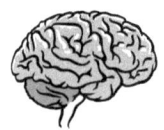

мозг

ubwonko

сердце

umutima

мышца

umutsi

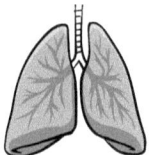

лёгкое

ibihaha

печень

umwijima

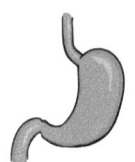

желудок

igifu

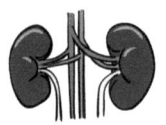

почки

impyiko

половой акт

igitsina

презерватив

agakingirizo

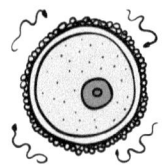

яйцеклетка

intanga

сперма

amasohoro

беременность

gusama inda

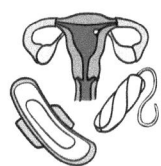

менструация

imihango

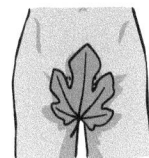

вагина

igituba

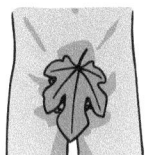

пенис

imboro

бровь

ibitsike

волосы

umusatsi

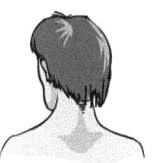

шея

ijosi

# больница
# ibitaro

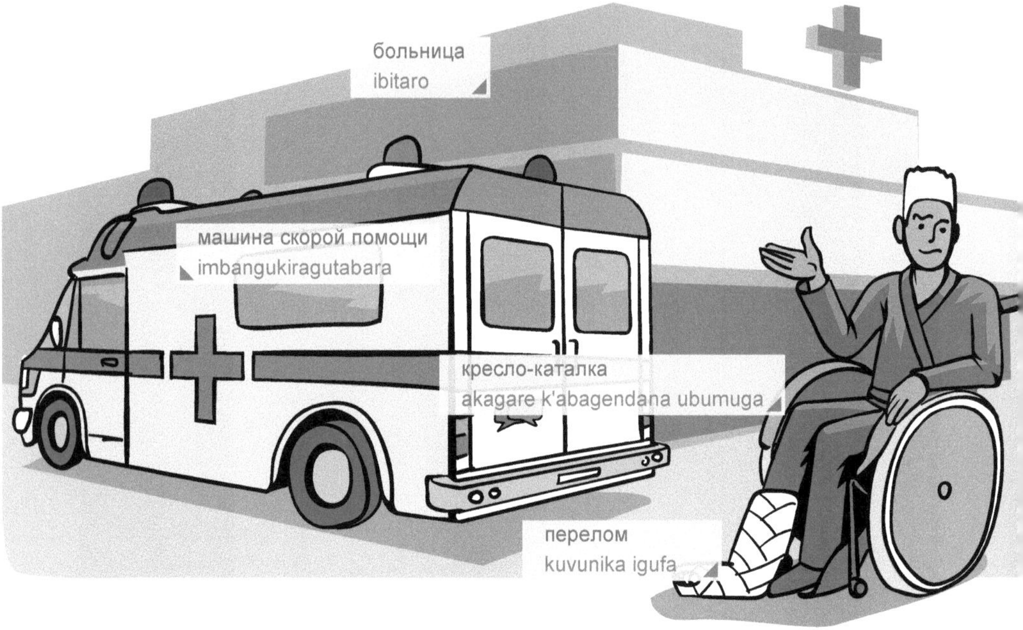

больница
ibitaro
машина скорой помощи
imbangukiragutabara
кресло-каталка
akagare k'abagendana ubumuga
перелом
kuvunika igufa

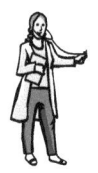

врач

muganga

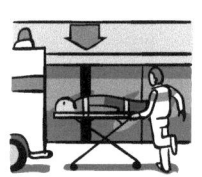

пункт первой помощи

icyumba k'indembe

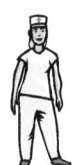

медсестра

umuforomo kazi

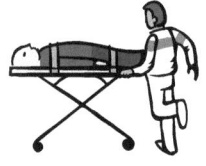

неотложный случай

mu ndembe

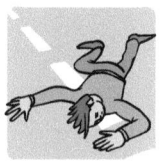

без сознания

guta ubwenge

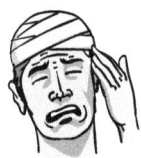

боль

ububabare

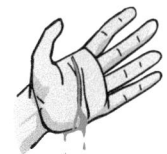

повреждение

igikomere

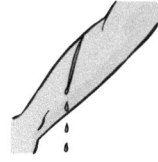

кровотечение

kuva amaraso

инфаркт

gufatwa n'umutima

инсульт

kuziba k'udutsi two mu bwonko

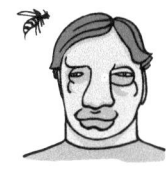

аллергия

kwivumbura k'umubiri

кашель

inkorora

повышенная температура

umuriro

грипп

ibicurane

понос

impiswi

головная боль

kurwara umutwe

рак

kanseri

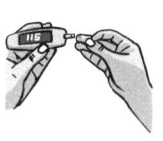

диабет

diyabete

хирург

muganga ubaga

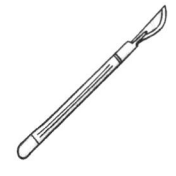

скальпель

icyuma kibaga umurwayi

операция

kubagwa

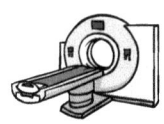

КТ

ifoto yo mu cyuma

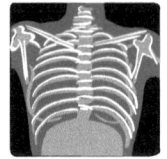

рентген

radiyo

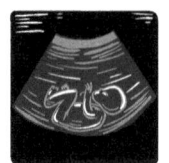

ультразвук

isuzuma rikoresha amajwi

маска

agapfukamunwa

болезнь

indwara

приёмная

icyumba bategererezamo

костыль

imbago yo kwicumba

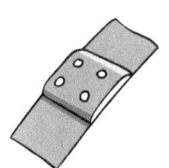

пластырь

pasema

бинт

igipfuko

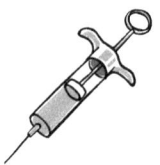

укол

urushinge

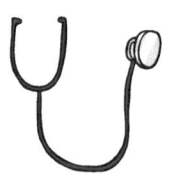

стетоскоп

igipimo cy'umutima

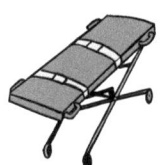

носилки

burankari

термометр

igipimo cy'umuriro

рождение

ivuka

избыточный вес

umubyibuho ukabije

слуховой аппарат

inyunganirangingo y'amatwi

дезинфекционное средство

umuti wica mikorobe

инфекция

ubwandu

вирус

virusi

ВИЧ / СПИД

Virusi itera sida / Sida

лекарство

ubuganga

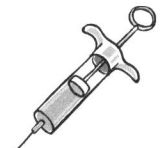

прививка

gukingira

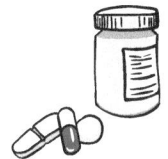

таблетки

ibinini

противозачаточная таблетка

ikinini

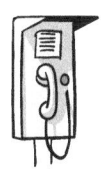

экстренный вызов

guhamagara byihutirwa

прибор для измерения кровяного давления

igenzura ry'umuvuduko w'amaraso

больной / здоровый

urwaye / ufite amagara meza

сигнал тревоги

inzogera itabaza

нападение

gusagarira

Помогите!

Ntabara!

атака

igitero

опасность

icyateza amakuba

запасной выход

umuryango unyuramo ukiza amagara

Пожар!

Inkongi!

огнетушитель

ikizimyamuriro

несчастный случай

impanuka

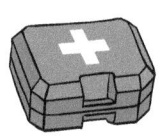

аптечка

ibikoresho by'ubutabazi bw'ibanze

SOS

induru itabaza

милиция

polisi

Европа

Uburayi

Северная Америка

Amerika y'Amajyaruguru

Южная Америка

Amerika y'Amagepfo

Африка

Afurika

Азия

Aziya

Австралия

Ositarariya

Атлантический океан

Atalantika

Тихий океан

Oasifika

Индийский океан

Inyanja y'Abahinde

Антарктический океан

Inyanja y'Antagitika

Северный Ледовитый океан

Inyanja y'Arigitika

Северный полюс

Amajyaruguru y'Isi

Южный полюс

Amagepfo y'Isi

Антарктика

Antaragitika

земля

Isi

суша

ubutaka

море

ikiyaga

остров

ikirwa

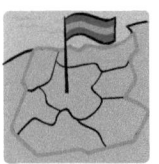

нация

igihugu

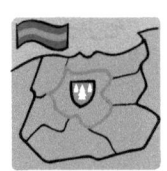

государство

leta

циферблат

kadere y'isaha

часовая стрелка

urushinge rw'amasaha

минутная стрелка

urushinge rw'iminota

секундная стрелка

urushinge rw'amasegonda

Который час?

ni isaha ki?

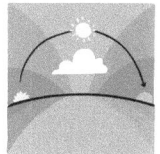

день

umunsi

время

igihe

сейчас

nonaha

электронные часы

isaha y'imibare

минута

iminota

час

amasaha

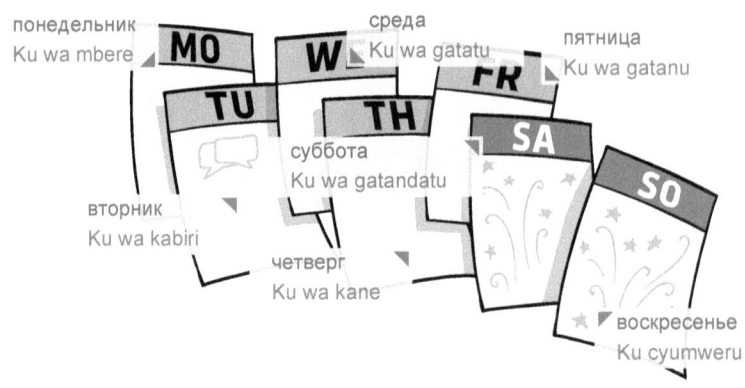

понедельник
Ku wa mbere

среда
Ku wa gatatu

пятница
Ku wa gatanu

вторник
Ku wa kabiri

четверг
Ku wa kane

суббота
Ku wa gatandatu

воскресенье
Ku cyumweru

вчера

ejo hashize

сегодня

завтра

ejo hazaza

утро

igitondo

полдень

saa sita

вечер

ku mugoroba

рабочие дни

iminsi y'akazi

выходные

wikendi

дождь
imvura

радуга
umukororombya

ветер
umuyaga

снег
neje

весна
urugaryi

лето
iki

осень
umuhindo

зима
igihe cy'ubukonje

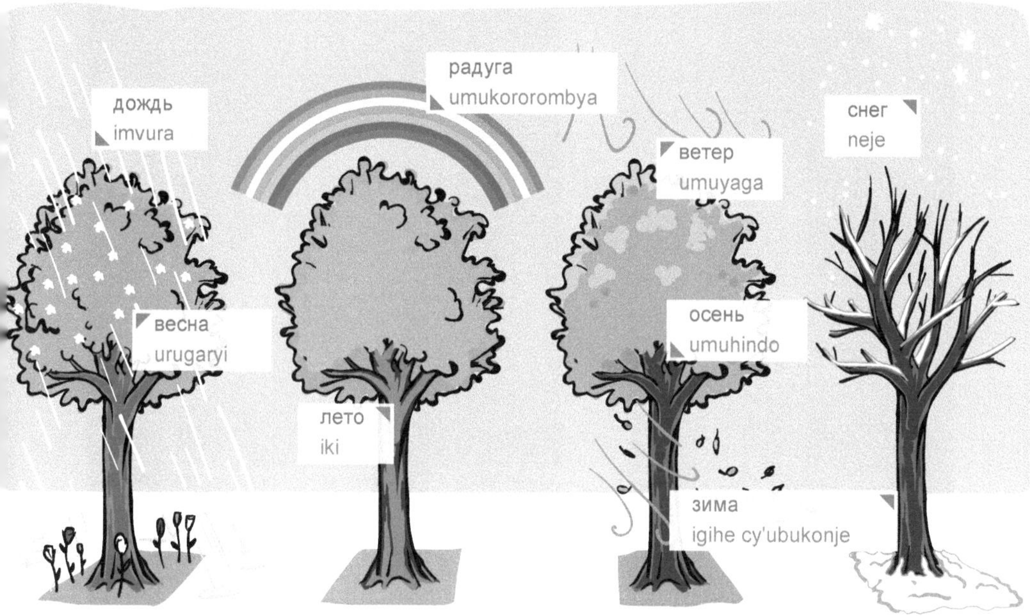

прогноз погоды

iteganyagihe

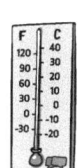

термометр

igipimo cy'ubushyuhe

солнечный свет

izuba rirashe

туча

ibicu

туман

ibihu

влажность воздуха

ububobere

молния

umurabyo

гром

inkuba

буря

umuhengeri

град

urubura

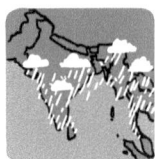

муссон

imiyaga ihuha iturutse mu nyanja

наводнение

umwuzure

лёд

barafu

январь

Mutarama

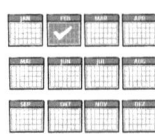

февраль

Gshyantare

март

Werurwe

апрель

Mata

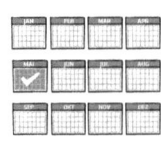

май

Gicurasi

июнь

Kamena

июль

Nyakanga

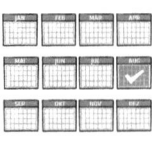

август

Kanama

год - umwaka

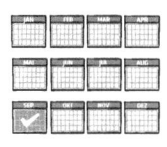

сентябрь
................
Nzeri

октябрь
................
Ukwakira

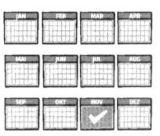

ноябрь
................
Ugushyingo

декабрь
................
Ukuboza

# формы
# amaforoma

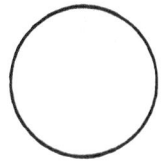

круг
................
uruziga

квадрат
................
mpandenye

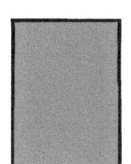

прямоугольник
................
urukiramende

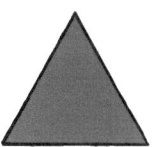

треугольник
................
mpandeshatu

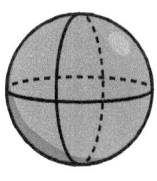

шар
................
umubumbe

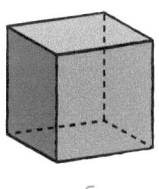

куб
................
kibe

белый

umweru

желтый

umuhondo

оранжевый

oranje

розовый

iroza

красный

umutuku

лиловый

isine

синий

ubururu

зелёный

icyatsi kibisi

коричневый

igihogo

серый

ikigina

черный

umukara

много / мало

byinshi / bike

яростный / мирный

urakaye / utuje

красивый / уродливый

mwiza / mubi

начало / конец

intangiriro / impera

большой / маленький

kinini / gito

светлый / темный

gikeye / kijimye

брат / сестра

musaza / mushiki

чистый / грязный

gisukuye / cyanduye

полный / неполный

kirangiye / kitarangiye

день / ночь

umunsi / ijoro

мёртвый / живой

wapfuye / muzima

широкий / узкий

hagari / hafunganye

съедобный / несъедобный

kiribwa / kitaribwa

злой / дружелюбный

umugome / ugwa neza

взволнованный / скучающий

ushishikaye / warambiwe

толстый / худой

ubyibushye / unanutse

сначала / в конце

mbere / nyuma

друг / враг

inshuti / umwanzi

полный / пустой

cyuzuye / kirimo ubusa

твёрдый / мягкий

gikomeye / cyoroshye

тяжёлый / легкий

kiremeye / kitaremereye

голод / жажда

inzara / inyota

больной / здоровый

urwaye / ufite amagara meza

незаконный / законный

kemewe n'amategeko / kibujijwe n'amategeko

умный / глупый

umunyabwenge / igicucu

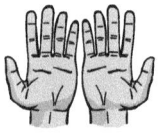

слева / справа

iburyo / ibumoso

близко / далеко

hafi / kure

новый / подержанный

gishya / cyakoze

ничто / нечто

nta kintu gihari / hari ikintu gihari

старый / молодой

ushaje / muto

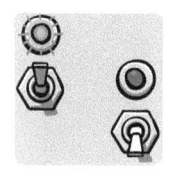

включено / выключено

atsa / zimya

открыто / закрыто

gifunguye / gifunze

тихо / громко

ucecetse / usakuza

богатый / бедный

ukize / ukennye

правильный / неправильный

ni byo / si byo

шероховатый / гладкий

hahanda / hahehereye

печальный / счастливый

urakaye / wishimye

короткий / длинный

mugufi / muremure

медленный / быстрый

urandaga / wihuta

мокрый / сухой

utose / wumye

тёплый / прохладный

ashyushye / ahoze

война / мир

intambara / amahoro

**0**

ноль

zeru

**1**

один

rimwe

**2**

два

kabiri

**3**

три

gatatu

**4**

четыре

kane

**5**

пять

gatanu

**6**

шесть

gatandatu

**7**

семь

karindwi

**8**

восемь

umunani

**9**

девять

icyenda

**10**

десять

icumi

**11**

одиннадцать

cumi na rimwe

**12**

двенадцать

cumi na kabiri

**13**

тринадцать

cumi na gatatu

**14**

четырнадцать

cumi na kane

**15**

пятнадцать

cumi na gatanu

**16**

шестнадцать

cumi na gatandatu

**17**

семнадцать

cumi na karindwi

**18**

восемнадцать

cumi n'umunani

**19**

девятнадцать

cumi n'icyenda

**20**

двадцать

makumyabiri

**100**

сто

ijana

**1.000**

тысяча

igihumbi

**1.000.000**

миллион

miliyoni

английский

Icyongereza

американский английский

Icyongereza
cy'Abanyamerika

мандаринский китайский

Igishinwa k'ikimandarini

хинди

Igihindi

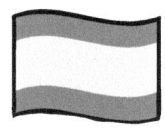

испанский

Ikesipanyoro

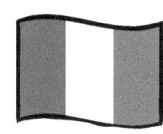

французский

Igifaransa

арабский

Icyarabu

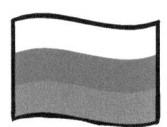

русский

Ikirusiya

португальский

Igiporutigari

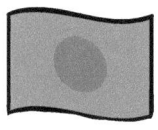

бенгальский

Ikibengari

немецкий

Ikidage

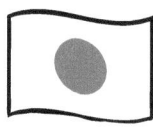

японский

Ikiyapani

я

ge

ты

wowe

он / она / оно

we / we / we

мы

twe

вы

mwe

они

bo

кто?

nde?

что?

iki?

как?

gute?

где?

hehe?

когда?

ryari?

имя

izina

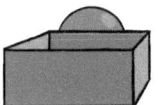

за

inyuma

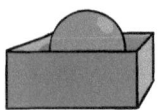

в

mo imbere

перед

imbere ya

над

hejuru ya

на

kuri

под

munsi ya

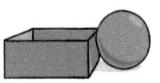

рядом

iruhande

между

hagati

место

ahantu